1분 철학
관계수업

만화로 보는
1분 철학 관계수업

서정욱 지음

1 Minute Philosophy for Better Relationships

중앙books

머리말

철학사에서는 철학의 과제를 우주, 자연, 인간이 무엇인가에 답하는 것이라고 합니다. 당시 고대 그리스 철학자는 우주를 관측할 장비와 자연을 연구할 과학적인 이론의 부족으로 우주와 자연에 대해 답을 주기는 힘들었습니다. 결국 그들은 인간 문제에 눈을 돌립니다.

재미있는 것은 철학의 시작은 탈레스의 과학적인 사고방식이었습니다. 하지만 아테네를 중심으로 철학이 시작되면서부터는 대화로 인간의 문제를 해결하려고 했습니다. 가장 대표적인 것이 바로 소크라테스의 대화입니다. 이렇게 철학은 인간관계의 문제로 시작합니다. 소크라테스는 아고라라는 광장에서 아무나 만나면 대화를 했습니다. 왜 그렇게 소크라테스는 대화를 했을까?

여기서 철학자는 고독한 사유의 존재임을 떠올려봅니다. 고독한 사유의 존재인 인간은 어쩔 수 없이 다른 사람과 대화를 통해 자신의 생각을 정리합니다. 이렇게 정리된 생각은 진리로 이어집니다. 결국 철학자들은 인간관계를 통해 진리의 길로 들어섰던 것입니다. 이렇게 고독한 사유의 존재인 사람은 항상 누구와 함께함으로써 스스로 완전히 혼자가 아님이 밝혀집니다. 이런 관점에서 본다면 철학자의 고유한 철학은 모두 인간관계 속에서 생겨난 철학자들만의 고유의 통찰입니다.

철학사에 등장하는 많은 철학자들은 누구의 스승이거나 후견인이었습니다. 여기서 '누구'는 왕, 왕자, 귀족, 혹은 명문가의 장군이었습니다. 즉 철학자는 권력자와 항상 가까이 있었고, 권력자에게 권력을 극대화할 수 있게 도와주었습니다. 권력자는 인간관계를 누구보다 신중하게 해야 할 사람들입니다. 철학자는 그들에게 인간관계의 신중함을 가르쳤고, 그들은 정성을 다해 배워 자신의 권력을 배가시켰습니다.

그 결과 철학자와 권력자의 관계는 단순한 배경의 문제가 아니라 사유를 통한 투쟁의 장이었고, 서로를 도와준 협력의 관계였습니다. 권력자는 철학자로부터 배운 인간관계를 자신의 세계로 해석하였고, 주변 사람들에게 영향을 끼쳤습니다.

철학자는 관조의 중요성을 강조하며 세속과 떨어져 자신만의 사유공간을 중요하게 생각했습니다. 이때 철학자의 친구는 고독, 침묵 등입니다. 철학자가 사유하는 이유가 진리를 찾는 것에 있다면, 진리의 원천은 관조의 세계입니다. 관조의 중요성을 외로움과 침묵에서 찾는다면, 철학자는 내면의 소리로 인간관계를 논합니다. 철학자의 내면의 소리는 더 이상 자신만의 것이 아닙니다. 그 파장은 너무 넓게 퍼져나갑니다.

　이렇게 철학 자체는 혼자의 행위가 아닌 다른 사람과의 관계를 뜻합니다. 이런 관점에서 '인간은 무엇인가'라는 물음은 '인간은 인간과 어떤 관계를 맺고 사는 존재인가'라는 질문과 같습니다. 철학자는 이렇게 다른 사람을 통해 스스로를 인식하고, 공동체 속에서 자신의 존재를 정의합니다. 즉 철학자는 인간이란 다른 사람을 통해 스스로를 인식한다는 것을 우리에게 알려줍니다.

　이런 철학자의 인간관계를 10명의 철학자를 골라 설명했습니다. 철학자마다 자신을 인식하는 것이 다르듯이 인간관계에 대한 생각도 다릅니다. 철학자마다 갖는 인간관계의 특징을 최대로 살려 가능한 한 쉽게 표현하려고 노력하였습니다. 부족한 부분도 있을 것이고 서로 다른 생각을 가진 부분도 있을 것입니다. 이 책을 읽는 분들의 가감 없는 지도 편달을 부탁드립니다.

　이 책이 탄생할 때까지 많은 분들의 도움을 받았습니다. 항상 출판계에서는 단군 이래 최대의 위기라는 말을 합니다. 지금도 상황이 달라지지 않았다고 생각합니다. 그럼에도 불구하고 이 책의 출판을 흔쾌히 허락해주신 중앙북스의 신용호 대표님께 무한한 감사를 드립니다.
　너무나 바쁘신 중에도 만화를 담당해주신 김재훈 작가님께 정말로 감사드립니다. 그리고 이 책의 기획부터 개념 하나하나까지 정성스럽게 살펴주신 서정욱 차장님께 진심으로 감사드립니다.
　마지막으로 이 책을 집필하면서 많은 책의 도움을 받았습니다.

일일이 다 말씀드릴 수는 없지만 저보다 먼저 철학자의 철학을 다방면으로 잘 정리해주신 선배 철학자들에게 감사드립니다. 그분들의 철학적 집필에 많은 도움을 받았습니다. 고맙습니다.

차례

1장 프로타고라스처럼 자신을 보호하는 법
PROTAGORAS  10

2장 제논처럼 이성으로 나를 지키는 법
ZENO  38

3장 아리스토텔레스처럼 덕을 실천하는 법
ARISTOTLE  66

4장 아우렐리우스처럼 적을 만들지 않는 법
AURELIUS  94

5장 볼테르처럼 의견이 달라도 대화할 수 있는 법
VOLTAIRE 122

| 6장 | 칸트처럼 의무로 관계를 지키는 법
KANT | 150 |

| 7장 | 쇼펜하우어처럼 행복을 추구하는 법
SCHOPENHAUER | 180 |

| 8장 | 니체처럼 힘의 관계를 직시하는 법
NIETZSCHE | 210 |

| 9장 | 사르트르처럼 타인의 시선에서 자유로워지는 법
SARTRE | 238 |

| 10장 | 레비나스처럼 타인을 있는 그대로 받아들이는 법
LEVINAS | 268 |

1 Minute Philosophy for Better Relationships

PROTAGORAS

프로타고라스처럼 자신을 보호하는 법

1장

아주 단순하지. 먼저 나를 보호하는 것, 그게 핵심이야.

나를 보호하는 거요? 인간관계는 남을 배려하고 이해하는 게 먼저 아니에요?

순진하기. 그런 소리를 믿으니깐 꼭 한 번은 크게 다치지.

어떤 사람과는 거리를 두고, 어떤 사람과는 가까이 해야 한다… 그런 선택을 말하는 거군요.

그래. 모두와 잘 지내려다 보면, 결국 누구도 제대로 지키지 못해.

나 자신을 포함해서 말이야.

짐을 잘못 싣으면 당나귀가 쓰러지듯,

인간관계에서도 잘못된 선택은 너를 무너뜨리지.

그걸 눈여겨본 사람이 데모크리토스였나요?

무언가를 곰곰이 생각하며 일하던 소년 프로타고라스를 눈여겨본 철학자가 있었습니다.
바로 "세계는 모두 원자로 이루어져 있다"고 말한 원자론자 데모크리토스입니다.

프로타고라스는 데모크리토스에게 교육을 받고 아테네로 와서
유명한 소피스트가 되어 많은 제자를 길러냈지요.

만물척도설에서 기준은 사람입니다. 설탕은 달콤하지만,
아픈 사람이 먹을 때는 쓸 수도 있어요. 그렇다면 설탕은
달콤한 걸까요, 쓴 걸까요? 둘 중 하나는 분명 참입니다.

사람마다 다르게 느낄 수 있고,
한 사람도 상황에 따라 다르게 인식할 수 있지만,
진리는 건강한 사람을 기준으로 하지요.

하지만 세상은 늘 이런 식으로 굴러가.

다수가 악을 선이라 말하면, 그게 힘을 가지게 돼.
법정에서 변론이 승리하듯 말이야.

그래서 더더욱 '자기 판단력'이 중요해지는군요.

맞아. 판단 없는 사람은 늘
누군가의 판단을 따라가게 돼.

그래서 인간관계도 결국, 누군가를 맹목적으로 따르느냐,
스스로 관계를 선택하느냐의 문제야.

> 그런데 선생님, 요즘에는 또 공감이 최고 미덕이라 하잖아요.
> 너무 자기방어에만 집중하면 소통이 단절되지 않을까요?

> 공감도 좋아. 하지만 방향 없는 공감은
> 결국 나를 해치는 칼이 되지.

당시 궤변론자들은 도둑질이나 거짓 같은 행위조차 '선'이라고 우겼습니다.
하지만 프로타고라스는 이런 궤변에 대해 크게 개의치 않았어요.
왜냐하면 실제로 나쁜 짓을 '선'이라 우기며 행동하는 사람은 정말 뻔뻔하지 않고서야
그렇게까지 하기는 어렵다고 보았기 때문입니다.

프로타고라스는 한때 명성을 얻고 부도 쌓았지만, 제자 에우아틀로스와 갈등이 생기며 그의 명성에 흠이 가기 시작했습니다. 신뢰했던 제자에게 배신당한 일은 사람들 사이에서 회자되었고, 아테네 시민들은 그런 그를 냉담한 시선으로 바라보게 됐지요.

"네가 네 자신을 지킬 수 있다면, 어떤 상황에서도 흔들리지 않게 될 거야."

"그런데 세상은 늘 저를 흔들고, 평판이나 평가에 민감하게 만들어요. 사람들 눈치를 안 볼 수가 없어요."

"그래서 너처럼 고민하는 사람이 더욱 철학을 가져야 해. 세상이 너를 흔들어도, 네 중심이 있으면 버틸 수 있어."

"제가 그런 철학을 계속 붙잡고 살 수 있을까요?"

물론이지. 단, 기억해.
타인의 말에 앞서, 네 생각을 먼저 설득할 수 있어야 해.
네가 너를 믿지 못하면, 아무도 너를 믿어주지 않아.

자신을 지키는 말, 자신을 지키는 철학…
그게 진짜 인간관계의 출발점이군요.

그래. 그리고 그 끝도 역시, 자신이야.

> 철학자의 노트

프로타고라스가 말하는 '상대성을 이해하는 대화'

전쟁이 없던 시기의 고대 그리스 아테네에서 시민들은 여가 시간을 보내기 위해 법정에 모였습니다. 생계를 위해 하루 일당을 받는 배심원으로 참여하는 것이 일반적이었지만, 변호인으로 활동하면 더 많은 수입을 얻을 수 있었습니다. 당시 배심원은 대부분 법률 지식이 없는 평범한 시민이었기에, 변호사는 수단과 방법을 가리지 않고 화려한 웅변으로 배심원의 마음을 사로잡아야 했습니다.

이러한 시대적 배경 속에서 사람들은 말의 기술을 배우기 위해 모이기 시작했고, 그들에게 말하기를 가르친 이들이 바로 '소피스트'였습니다. 처음에는 지혜를 전하고자 하는 순수한 의도로 시작되었지만, 시간이 흐르면서 궤변으로 사람을 속이는 엉터리 소피스트들도 등장하게 되었습니다. 그래서 사람들은 점점 소피스트를 부정적인 의미의 '궤변론자'로 부르게 되었죠.

그러나 프로타고라스는 그런 궤변론자들 가운데서도 진정한 철학자로 인정받는 인물입니다. 그는 "인간은 만물의 척도다"라는 말로 유명한 '인간만물척도설'을 주장했습니다. 이 말은 모든 판단과 인식의 기준은 결국 '사람'에게 달려 있다는 뜻으로, 사람마다 보는 관점이 다르기 때문에 모든 것은 상대적이라는 생각입니다.

그의 이러한 사상은 인간관계에서도 깊은 통찰을 제공합니다. 우리는 하루에도 수많은 사람들과 다양한 이야기를 나눕니다. 똑같은 주제도 사람마다 전혀 다른 의견을 가질 수 있죠. 대인관계는 본질적으로 이런 상대성 위에 서 있습니다. 그런데 여기에 절대적인 잣대를 들이댄다면 어떻게 될까요? 분명 협상이나 계약처럼 명확한 기준이 필요한 상황에서는 절대적 기준이 중요하지만, 일상의 대화나 감정의 교류에서는 오히려 유연하고 상대적인 시각이 더 도움이 됩니다.

오늘날과 달리, 고대 아테네의 법정은 절대적인 법 조문에 따라 판결을 내리지 않았습니다. 당시 판결은 사람들의 말과 태도에 따라 좌우되는, 철저히 '상대적'인 공간이었습니다. 그래서 당시의 소피스트들은 변호술뿐만 아니라 언어의 미묘한 뉘앙스, 문장의 구조, 모순을 파고드는 기술까지 가르쳤습니다.

프로타고라스는 그러한 말의 기술을 넘어, 인간관계에서 상대성을 어떻게 이해하고 적용해야 하는지를 고민한 철학자였습니다. 그는 모순과 논리를 바탕으로 대화하는 기술을 가르쳤고, 그 속에서 상대를 이해하고 설득하는 힘을 강조했습니다. 오늘날에도 그의 철학은 우리가 인간관계를 더 유연하게 바라볼 수 있는 지혜를 전해줍니다.

1 Minute Philosophy for Better Relationships

ZENO

제논처럼 이성으로 나를 지키는 법

2장

욕망은 본능이지만, 본능에 지배당하는 삶은 짐승의 삶입니다. 이성을 가진 인간이라면, 본능을 거슬러 절제를 훈련해야 합니다.

절제는 인간관계의 출발점이기도 합니다. 자기 감정을 다스릴 줄 모르는 사람은 남을 이해할 수 없습니다.

선생님, 방금 연설 인상 깊게 들었습니다. 특히 '감정 다스리기'라는 말이요.

그런 건 방법이 따로 있나요?

있지. 아주 혹독한 훈련을 거쳤어. 궁금한가? 같이 걸으며 이야기할까?

처음엔 제논이 이를 거부하자 크라테스는 지팡이로 그의 죽그릇을 내리쳤습니다. 제논은 온몸에 죽을 뒤집어쓴 채 아테네 거리를 누벼야 했죠. 처음엔 창피했지만, 시간이 지나면서 크라테스가 왜 그런 뻔뻔한 행동을 아무렇지 않게 했는지 깨닫게 되었습니다. 뻔뻔함이든 도덕적이든, 감정에 휘둘리지 않고 이성으로 자신을 다스릴 수 있을 때 비로소 진정으로 자유로운 행동이 가능하다는 것을 알게 됐죠.

스토아학파의 핵심은 '금욕'입니다. 제논은 욕망이나 쾌락이 사람의 영혼을 흐려 올바른 판단을 방해한다고 봤어요. 그래서 불필요한 쾌락은 멀리하고, 이성적인 삶을 통해 진짜 선(善)을 실현하려고 했습니다. 영혼이 맑아야 도덕적인 삶도 가능하다고 믿었죠.

쾌락을 따라 고급 음식을 찾는 자는 결국, 관계에서도 '맛있는 사람'만 고르려 해.

즉, 내 기분 좋게 해주는 사람만 곁에 두려고 하지.

그런 태도는 관계를 망치겠군요. 결국 그건 사람을 소비하는 거니까요.

스토아학파와 에피쿠로스학파는 흔히 금욕과 쾌락으로 나뉘지만, 두 학파가 추구한 건 결국 같아요. '지혜롭게 사는 것'입니다. 단지 접근 방식이 다른 거죠.
제논은 절제를 통해, 에피쿠로스는 즐거움을 통해 지혜를 얻으려 했습니다.
다만, 제논은 자만심이 지혜의 가장 큰 방해물이라고 강조했어요

지혜로워졌다고 착각할 때, 사람은 듣지 않게 되고, 겸손을 잃고, 상대를 평가하기 시작하지.

그런 사람은 관계에서도 늘 자신이 우위에 있다고 느끼겠지요.

그렇지. 자만은 결국 관계를 왜곡시켜. 진정한 대화는 서로가 같다는 인식에서 시작되거든.

제논은 선과 절제 같은 덕목을 소중히 여겼지만, 명예나 부처럼 선도 악도 아닌 것에는 흔들리지 않으려 했습니다. 그런 것들이 영혼을 흐리게 만들 수 있다고 생각했기 때문이에요.
그래서 항상 말석에 앉고, 스스로를 절제하는 습관을 지켰습니다.
행동 하나하나가 철학적 실천이었던 셈이죠.

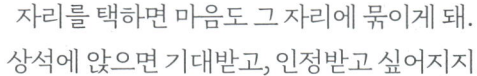

인간관계에서 더 높은 자리를 바라는 순간, 그 사람과 나는 이미 평등하지 않아. 그 관계는 이미 기울어진 저울 위에 선 거야.

단순히 겸손해 보이려는 게 아니라 내면에서부터 스스로를 다스리려는 선택이었군요.

겸손은 타인을 위한 게 아니라, 나 자신을 위한 거야. 절제는 늘 가장 낮은 자리에서 피어난다네.

"오히려 그 반대야. 내가 믿는 인간관계는 권력과 조건 위에서 성립되지 않아."

"흠, 선생님은 누구와 맺느냐보다, 어떤 자세로 맺느냐가 더 중요하다는 말씀이시군요."

"맞아. 인간관계는 지위의 문제가 아니라 이성과 덕의 문제야."

"왕이라도 감정에 휘둘리면 사람을 잃고, 노인이라도 절제하면 존경을 얻지."

제논은 '아파테이아', 즉 어떤 상황에서도 흔들리지 않는 마음을 중요하게 여겼습니다. 인간은 유한한 존재지만, 자연처럼 조화롭고 흔들림 없이 살아가야 한다고 생각했지요. 이런 철학을 젊은이들에게 가르친 제논은 아테네에서 최고의 영예를 받게 됩니다. 아레니데스는 그에게 황금관을 씌우고, 국비로 무덤까지 준비해 줬습니다.

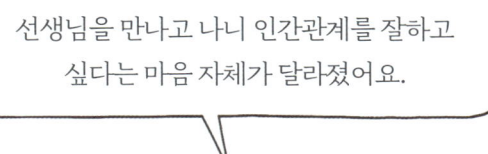

선생님을 만나고 나니 인간관계를 잘하고
싶다는 마음 자체가 달라졌어요.

누구와 잘 지내는 게 아니라, 어떻게 나를
다스릴 것인가부터 시작해야겠어요.

이제 그걸 알았다면, 너는
이미 절반은 도달한 셈이야.

| 철학자의 노트 |

제논이 말하는 '흔들리지 않는 마음'

플라톤 이후 유럽 철학은 이성의 중요성을 강조하기 시작했습니다. 이성적으로 사고하고 판단함으로써 지혜에 이르고, 그 지혜를 통해 진리를 찾을 수 있다는 믿음이 철학의 중심에 자리잡게 된 것이죠. 이러한 흐름 속에서 제논이 이끈 스토아학파는 '이성적 절제'와 '금욕'을 핵심으로 삼으며, 절제된 삶을 통해 지혜를 추구했습니다. 제논이 강조한 금욕은 단순한 고행이 아니라, 진정한 지혜에 이르기 위한 실천의 길이었습니다.

그렇다면, 제논은 왜 지혜를 그토록 중시했을까요? 바로 행복 때문입니다. 그는 지혜로운 사람만이 자신의 본성과 욕망을 온전히 통제할 수 있다고 믿었습니다. 어떤 상황에서도 흔들리지 않고 침착하게 행동할 수 있다면, 그것이야말로 진정한 행복이라는 것이죠.

하지만 모든 사람이 지혜를 통해 선을 추구하며 살아가는 것은 아닙니다. 어떤 이들은 방탕하거나 비겁한 방식으로 쾌락을 좇으며 행복을 추구하려 합니다. 제논은 이러한 삶을 '영혼이 흐린 상태'로 보았습니다. 즉, 쾌락에 의존하는 행복은 자기 통제가 무너진 결과이며, 진정한 지혜가 결여된 상태라는 것입니다.

결국, 제논이 말하는 행복이란 선한 행동과 철저한 자기 통제 위에서만 얻어질 수 있습니다. 그리고 이런 삶은 홀로 이룰 수 있는 것이 아닙니다. 제논은 "친구는 또 다른 나"라고 말하며, 나와 비슷한 가치관과 삶의 태도를 지닌 사람들과의 관계 속에서 진정한 행복이 자란다고 믿었습니다. 친구란 내가 나 자신을 비추어볼 수 있는 거울이며, 올바른 인간관계는 나를 더 나은 방향으로 이끄는 통로라는 것이죠.

제논은 어릴 적, 아버지가 구해준 철학서를 통해 철학에 눈을 떴고, 특히 소크라테스가 죽음을 담담히 받아들이는 태도에 큰 감명을 받았습니다. 또한 소크라테스의 무소유 정신 역시 제논의 철학에 깊은 영향을 미쳤습니다. 그래서 그는 '금욕'이야말로 지혜에 이르는 길이며, 그 지혜를 통해 진리를 얻을 수 있다고 확신했습니다.

그는 아파테이아(부동심), 어떤 상황에서도 흔들리지 않는 마음가짐을 중시했습니다. 사람은 쉽게 주변의 영향을 받기 마련이지만, 제논은 자기 이성을 중심에 두고 살아가는 것이야말로 가장 자유롭고 행복한 삶이라 여겼습니다.

우리가 인간관계를 맺는 목적도 마찬가지 아닐까요? 남들과 함께하면서도 타인의 영향에 휘둘리지 않고, 나 스스로 즐거움을 느낄 수 있는 관계, 그것이야말로 제논이 말하는 이상적인 대인관계일 것입니다.

1 Minute Philosophy for Better Relationships

ARISTOTLE

아리스토텔레스처럼 덕을 실천하는 법

3장

도시국가 아테네에서는 재판이 열리는 날이면 당일 재판관이 되기 위해 많은 사람이 모였습니다.
재판관이 되길 희망하는 이들은 대부분 하루 벌이도 빠듯한 형편의 사람들이었지요.
그래서 재판이 있는 날이면 재판정 주변은 항상 혼잡했습니다.

질서를 유지하기 위해 재판정 주변에 노란 물감을 칠한 줄을 쳐두었습니다.
질서를 지키지 않거나 서두르다 실수로 옷에 물감이 묻은 사람에게는
그날 재판관 자격을 주지 않았지요.

오호, 노란 선에 이런 유래가 있었군요.
혼잡을 막고 질서를 지키라는 뜻이 있었네요.

법과 도덕이 생겨난 배경에 대해선 다양한 주장이 있지만, 힘이 강한 통치자가 약한 백성이나 서민을 편하게 다스리기 위해 법과 도덕을 만들었다는 주장도 있습니다. 만약 그렇다면 법과 도덕은 약자를 위한 것이 아니라 강자를 위한 것이니, 강자가 도덕이나 법을 지킬 이유는 없겠지요.

이런 주장대로라면 왕이나 귀족은 도덕을 지키지 않아도 되지만 서민이나 가난한 사람은 무조건 지켜야 한다는 말로 들리네.

사실 그렇지 않나요? 도덕이나 법 위에 있는 사람도 있고, 그 아래 짓눌린 사람도 있고요. 법 아래에 있는 사람은 대체로 가난하고 힘없는 사람들이…

그만, 그만 해도 다 알아들었어. 그래서 나는 '모두에게 똑같이 적용되는 절대적 도덕'보다, '관계와 상황에 맞게 지켜야 할 덕목'을 더 중요하게 여긴 거야.

철학사에서는 도덕을 절대적인 것과 상대적인 것으로 구분합니다. 소크라테스의 도덕관은 절대적인 편입니다. 예를 들어 "절대로 거짓말하지 마라"거나 "남의 물건을 빌렸다면 약속한 날짜가 되면 어떤 경우에도 반드시 돌려줘야 한다"는 식이지요.

반면, 아리스토텔레스는 상대적인 도덕관을 지녔습니다. 가령 우리는 필요에 따라 거짓말을 하기도 하는데, 우리는 그것을 '선의의 거짓말'이라고 부르지요.

그 정도는 나도 생각했지. 그래서 알렉산드로스도 이 노란 선을 지키지 않을 것이라고 생각했어. 그는 힘이 있는 정도가 아니라 누구보다 강한 힘을 가졌잖아.

그런데 알렉산드로스 대왕은 그 노란 선을 지켰다는 거예요?

그건 모르지만, 그가 전쟁터로 나갈 때 내가 쓴 『니코마코스 윤리학』 책을 갖고 갔다는 거야.

한 가지 분명한 것은 알렉산드로스의 통치 방법은 남달랐잖아.

그래서 지켰을 거로 생각하시는군요.

그 짧은 시간에 그 넓은 땅을 차지할 수 있었던 이유는 단 하나뿐이야.

공평한 통치. 왕이든 신하든 적이든 아군이든 같은 법과 도덕을 적용했다고 나는 생각해.

고대 그리스에서는 전쟁에서 이기면
왕족을 다 죽이고 자신의 땅으로 편입시켰습니다.

하지만 알렉산드로스 대왕은 전쟁에서 승리한 나라의 왕으로부터 항복만 받고
통치는 자기 부하와 정복한 나라의 왕이 함께하도록 하였지요.
그 결과 짧은 시간에 대제국을 건설할 수 있었습니다.

사람에게는 무언가를 하고 싶어 하는 욕망이 있습니다. 이 욕망은 각자의 성질이나 본성에 따라 달라지고, 사람은 그 성질에 따라 행동하게 됩니다.

그런데 그 행동은 때로 지나치거나 부족할 수 있습니다. 우리는 종종 지나친 행동을 더 선호하기도 하지요. 그러나 그런 행동은 결국 과해지기 쉽습니다.

그래서 아리스토텔레스는 '중용'을 강조했어요. 너무 많지도, 너무 적지도 않은 적절한 행동, 그것이 중용입니다. 하지만 사람은 본성대로 움직이기 때문에 이 중용을 지키기가 쉽지 않지요.

그래서 나는 알렉산드로스에게 중용의 중요성을
강조하며 어릴 때부터 중용을 행할 수 있게
본성에 관한 교육을 많이 시켰어.

본성은 이렇게 어릴 때부터 익힌 습관과
관습이 몸에 배면 자연스럽게 나타나는 거야.

아리스토텔레스는 『니코마코스 윤리학』의 첫 문장에서
"인간의 모든 행동은 선을 목표로 하는 것 같다"고 말했어요.

이 말은 사람이 어떤 목표를 정하면, 때로는 수단과 방법을 가리지 않으려는
경향이 있다는 뜻처럼 들립니다.

'수단과 방법'이라는 표현에는 오히려 선보다 악의 힘이 더 강하게 느껴지기도 하지요.
아리스토텔레스 역시 그 점을 알고 있었을 겁니다.

난센스 문제인가요?
선 같은 악? 악 같은 선?

악도 아니고 선도 아니라는 얘기는 분명 아니지?

영화 속 반전은 관객에게 즐거움과 만족을 줍니다. 그래서 우리는 그것을 '선'이라고 생각할 수 있어요.

하지만 그 반전이 완전범죄를 다룬 것이라면 이야기는 달라집니다. 주인공은 나쁜 방법으로 범죄를 저지르고, 법의 심판도 받지 않지요. 행동만 놓고 보면 분명 악입니다.

그래서 인간관계의 이익과 손해 문제를 선과 악으로 설명하시는 거군요.

충성, 봉사, 사랑, 우정, 신뢰도 마찬가지 아니겠나? 모든 본성에는 대립되는 짝이 있게 마련이야.

그 대립 짝을 이기려면 자신만의 확고한 노란 선이 필요하다는 말씀이시죠.

하지만 사람들은 욕망이나 이익 때문에 중용을 멀리하고 온갖 수단을 동원하잖아요.

나도 알아. 그럴 때 사람들은 자신을 위해 쌓아온 좋은 인간관계를 내팽치고, 상대를 비방하며 동원할 수 있는 모든 악을 끌어들이지.

그래서 무책임하죠.

무책임? 맞는 말이지.

하지만 강자의 힘을 약자가 막을 수 있다고 생각해? 내가 바라는 건 강자가 자신만의 노란 선을 지니고 편견 없이 인간관계를 이어가는 소박한 희망뿐이야.

에이, 그래도 너무 낙담하진 마세요. 선생님의 철학은 여전히 누군가의 가슴속에서 조용히 '노란 선'이 되어주고 있으니까요.

흠… 그랬으면 참 좋겠구나.

> 철학자의 노트

아리스토텔레스가 말하는 '지켜야 할 선'

아리스토텔레스는 인간관계에서 '중용의 덕'을 강조합니다. 여기서 중용이란 단순히 양극단의 정중앙을 뜻하는 것이 아니라, 상황과 사람에 따라 적절한 '가운데'를 찾는 것을 의미합니다. 그래서 아리스토텔레스의 중용은 절대적인 기준이 아니라 상대적인 기준이며, 우리는 그의 윤리학을 '상대주의적 윤리학'이라 부릅니다.

'상대적'이라는 말은 상황에 따라, 사람에 따라 기준이 달라질 수 있음을 뜻합니다. 그렇다면 이런 상대적인 윤리관으로 인간관계를 맺는다는 것은 어떤 의미일까요? 사람마다 지켜야 할 선이 다르다는 것입니다. 어떤 사람은 이 선을 꼭 지켜야 한다고 믿는 반면, 어떤 사람은 그저 지키는 척만 해도 충분하다고 여길 수 있습니다. 방식은 달라도, 기본적으로 '선을 지킨다'는 점에서는 같습니다.

그래서 아리스토텔레스는 '본성'의 중요성을 말합니다. 어떤 사람은 타고난 성향대로 약속을 잘 지키고 예의를 갖추며 살아가지만, 어떤 사람은 본성적으로 그렇지 않을 수 있습니다. 그러나 중요한 것은 결국 그 사람이 '어떻게 행동하느냐'입니다. 인간관계도 마찬가지입니다. 자신의 철학대로 원칙을 지키는 사람이 있는가 하면, 약간은 유연하게 대처하면서도 관계를 잘 유지하는 사람도 있습니다.

아리스토텔레스는 이런 성향이 어릴 적 '교육'과 '습관'에 의해 길러진다고 보았습니다. 좋은 교육을 받고 자란 사람은 중용의 덕이 자연스럽게 몸에 배어, 필요할 때 무리 없이 실천할 수 있게 됩니다. 그래서 그는 "제비 한 마리가 왔다고 봄이 온 것은 아니다"라는 말을 남깁니다. 한 번의 도덕적 행동으로 그 사람의 인격을 판단해서는 안 된다는 뜻입니다. 일관된 실천이야말로 진정한 도덕이고, 윤리라는 것입니다.

인간관계도 이와 같습니다. 누구를 만나든 늘 같은 태도로 대할 수 있는 사람이야말로, 진정한 관계의 덕을 실천하는 사람이라 할 수 있습니다.

1 Minute Philosophy for Better Relationships

AURELIUS

아우렐리우스처럼
적을 만들지 않는 법

4장

아우렐리우스는 어린 시절부터 여러 명의 가정교사에게 철학, 수사학, 시 등 다양한 분야를 배웠어요. 특히 그가 진정한 인간관계의 스승으로 꼽는 이는 다름 아닌 가족과 친구들이었습니다. 그들로부터 그는 삶과 사람을 대하는 태도를 자연스럽게 익혔다고 하지요.

아우렐리우스는 나쁜 행동을 한다고 해서 그 사람이 본질적으로
악한 것은 아니라고 말했어요. 많은 사람들은 선과 악을 분별하지 못한 채,
무지에서 비롯된 행동을 할 뿐이죠.

그래서 누군가가 잘못했다고 해서 즉시 미워하거나
화를 내는 것은 오히려 관계를 해치는 일입니다.
화를 내면, 상대도 결국 같은 방식으로 되갚게 되니까요.

아우렐리우스는 인간이 육신, 호흡, 이성으로 이루어져 있다고 보았어요.
그중 인간을 이끄는 것은 오직 이성뿐이라고 말했지요.

하지만 이성이 육신의 욕망이나 불안한 감정에 지배당하면
이성은 제 역할을 할 수 없게 됩니다.

"그러니깐 이성이 약해질 때 사람은 악한 방향으로 흘러갈 수 있다는 말씀이군요."

"그렇지. 저기 보이는 병사도 마찬가지야."

"그가 칼을 찼다고 해서, 그가 곧 악인이라 생각하면… 나는 그와 대면조차 하지 못할 거야."

"인간관계를 위해 필요한 것이 하나 더 있어. 그건, 인간으로서의 의무야."

"인간으로서의 의무요?"

"자연은 인간에게 감당할 수 있는 것만 줘. 그래서 나는 자연이 내게 준 것을 있는 그대로 받아들이는 게 인간의 의무라고 생각해."

아우렐리우스는 자연은 누구에게나 공평하게 베푼다고 말했어요. 하지만 어떤 사람은 그것을 알아차리고, 어떤 사람은 그러지 못하지요. 이 때문에 스스로 어리석다고 여기거나, 자신의 재능을 하찮게 여기는 사람이 있는 거예요.

결국 누구나 자기 안에 특별한 성품이 있다는 걸 인정해야 한다는 뜻이군요.

그래. 누구에게나 성실함, 너그러움, 품위, 근면성 같은 미덕이 하나쯤은 있어.

그러니 자신에게 없는 것만 보고 불평할 필요는 없지.

그런데 진짜 어려운 건 미덕을 실천한 다음이지.

어떤 사람은 선한 일을 하고서 곧바로 반응을 기대하고,

또 어떤 사람은 시간이 지나면 언젠가는 보답받겠지 하는 생각을 마음속에 새겨둬.

하지만 정말 귀한 건, 아무 기대 없이 그냥 베푸는 거야.

마지막이 가장 어렵네요. 그런데 선생님은 당연히 그걸 원하시겠죠?

맞아. 내면의 미덕은 남을 돕기 위해 있는 거야. 무언가를 바란다면 그건 더 이상 순수한 미덕이 아니지.

아우렐리우스는 고대 그리스 철학자들 중에서도
스토아학파를 가장 깊이 따랐습니다. 그 영향으로
그는 어릴 적부터 따뜻한 거실보다 차가운 바깥을 더 편하게 여겼고,
푹신한 침대보다 차가운 대리석 바닥에서 자는 것을 더 좋아했습니다.

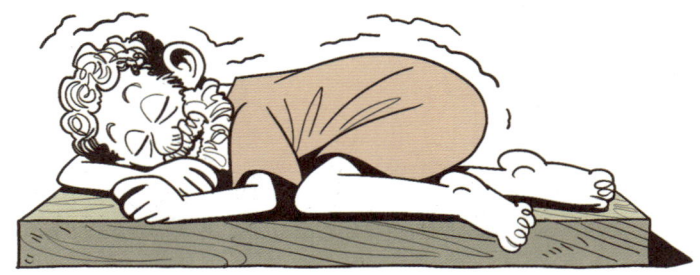

금욕적인 것과 미덕이 상관이 있나요?

그럼. 기대하지 않으면 누구를 미워할 일도, 섭섭해할 일도 없어.
베풀고도 누구에게 줬는지조차 잊게 되면 마음이 편안해지지.

아, 알 것 같아요. 결국 바라지 않는다는 것은 욕심이 없다는 거고,
그게 곧 금욕이자 인간관계를 지키는 힘이란 말씀이죠?

맞아. 나는 인간관계에서 금욕보다
강한 무기는 없다고 생각해.

플라톤은 『국가』에서 이상국가의 조건으로 백성의 절제, 군인의 용기, 지도자의 지혜를 말했어요. 그리고 이 세 가지가 조화를 이룰 때 정의가 실현된다고 했지요. 역사에서는 이 철학을 실제로 구현한 첫 번째 철인 정치가가 바로 아우렐리우스라고 합니다.

백성은 양떼와 같고, 황제는 목자와 같아. 그러니 먼저 보호하고 이끌어야 하지.

백성의 먹고사는 문제만이 아니라 그들의 행동까지도 살펴야 하겠군요?

철학자의 노트

아우렐리우스가 말하는 '욕망을 다스리는 지혜'

철학사에서 아우렐리우스는 플라톤이 『국가』에서 꿈꾸었던 최초의 '철인통치자'로 평가받습니다. 그는 황제이기 이전에 철학자였고, 철학자이면서도 통치자였습니다. 『명상록』에 따르면, 그는 어린 시절 가정교사로부터 황제로서 사람을 어떻게 대해야 하는지를 배웠다고 말합니다. 특히 그는 스토아 철학에 깊이 심취해 있었으며, 어릴 때부터 금욕적인 삶을 실천하려고 노력했습니다.

황제가 된 이후에도 아우렐리우스는 편안한 궁정이 아닌, 거친 전쟁터에서 생의 대부분을 보냈습니다. 전쟁터의 임시 막사는 곧 그의 집이었고, 금욕적 삶을 실천하기에 더없이 적합한 공간이기도 했습니다.

황제라는 자리는 자연스럽게 수많은 사람을 만나게 합니다. 대부분의 사람은 황제를 찾을 때 무언가를 원하고, 부탁하기 위해 다가옵니다. 그러나 아우렐리우스는 사람을 대할 때 '선함'을 인간관계의 기본으로 삼았습니다. 그를 찾아오는 이들이 모두 선한 사람은 아닐 것입니다. 그럼에도 그는 '모든 사람은 본래 선하다'고 믿었습니다. 악한 행동을 하는 사람은 단지 선과 악을 구별할 줄 모를 뿐이라는 것이 그의 생각입니다. 그렇기에 그는 사람을 미워해서는 안 된다고 스스로에게 끊임없이 되새깁니다.

아우렐리우스는 인간의 악행이 '육신의 충동'에서 비롯된다고 보았습니다. 그러나 인간에게는 이성을 통해 육신을 제어할 수 있는 능력이 있습니다. 그 이성은 곧 '자연의 이치'에서 비롯된 것으로, 자연의 법칙을 따르는 사람은 자신의 욕망과 충동을 다스릴 수 있다고 믿었습니다.

그래서 그는 인간관계에서도 베풂의 미덕을 중요시했습니다. 누군가에게 도움을 주었다면, 그것이 되돌아올 것을 기대해서는 안 됩니다. 자연이 우리에게 끊임없이 베푸는 것처럼, 인간도 그저 베푸는 것으로 만족할 수 있어야 한다고 그는 말합니다. 그것이 자연으로부터 배운 이성의 태도입니다.

그는 황제를 '양치기', 백성을 '양'에 비유합니다. 양치기는 양을 돌볼 의무가 있듯, 황제는 백성에게 책임을 져야 합니다. 백성이 잘못을 하더라도 화를 내거나 분노해서는 안 됩니다. 진정한 분노는 상대의 잘못 때문이 아니라, 자신의 감정을 제어하지 못한 결과라는 것을 그는 잘 알고 있었습니다.

아우렐리우스의 도덕 철학은 곧 인간관계의 철학입니다. 만약 우리가 타인을 대할 때, 황제가 백성을 대하듯 인내와 너그러움으로 임한다면, 그것보다 더 성숙한 인간관계는 없을 것입니다. 자연이 베풀 듯, 이성을 바탕으로 타인을 이해하는 관계, 그것이야말로 아우렐리우스가 보여준 가장 이상적인 인간관계의 모습입니다.

1 Minute Philosophy for Better Relationships

VOLTAIRE

볼테르처럼 의견이 달라도 대화할 수 있는 법

5장

볼테르는 프랑스를 대표하는 계몽주의 철학자입니다. 하지만 그는 자신의 철학적 이론이 아니라 철학, 역사, 과학 저술과 소설을 통해 프랑스 서민을 계몽한 프랑스적 의미의 철학자이지요. 특히 볼테르는 역사를 문화사와 과학을 바탕으로 저술함으로써 오늘날 프랑스에 여전히 살아 있는 전통을 열었어요.

르 프로코프 카페

볼테르 선생, 당신은 늘 반대 의견을 들먹이시니 도대체 뭘 믿고 그러시는지 모르겠군요.

아, 내가 원칙 없는 사람으로 보이나 보군요?

솔직히 말하면 그렇소. 한 번이라도 자기 주장을 끝까지 밀어붙이는 모습을 보고 싶군요.

맞아요, 선생은 늘 말만 번지르르하게 하시죠. 그게 다 허풍 아니면 뭡니까?

여러분이 날 그렇게 보신다면, 그렇게 말할 권리가 있겠죠. 나 역시 내 생각이 틀릴 수 있다는 걸 늘 염두에 둡니다.

그럼 우리를 비웃는 겁니까?

비웃는 게 아니라 듣고 있는 겁니다.

당신들의 말에 화를 내거나 반박할 수도 있겠지만, 그럴 바엔 왜 그렇게 생각하는지 그저 묻고 싶군요.

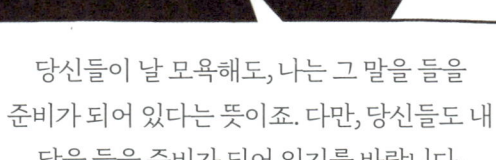

맞아. 나를 죽이려 했던 사람 중에서도 나중에 손 내민 이들이 있었어. 내가 칼을 들었더라면 복수를 했겠지.

그런데 붓을 들었기에 나는 그들을 조용히 이해하고, 다시는 손 내밀지 않았어.

다시 손 내밀지 않았다고요?

그게 내 방식의 '관용'이야. 무조건 다 받아주는 게 아니라, 다름을 이해하고 거리 두는 것.

> 선생님은 프랑스에서 귀족들에게 맞고, 감옥에 갇히셨으면서도 왜 계속 프랑스를 계몽하려 하셨어요?

> 그 고통 속에서 깨달았지. 힘이 없는 자의 말은 아무리 옳아도 묻힌다는 걸.

> 그래도 말로 세상을 바꿀 수 있다고 믿으신 거예요?

볼테르는 계몽주의자답게 종교에 대해서도 비판적인 시선을 갖고 있었어요. 전통 종교들처럼 사람을 억압하거나 독단적인 신앙은 경계했고요, 관용적이고 이성적인 유일신 신앙을 지향했습니다. 그렇다고 신을 부정한 건 아니었어요. 오히려 "신이 없다면 만들어야 한다"고 말할 정도로 신의 존재는 중요하다고 봤지요. 하지만 이런 생각들이 로마 가톨릭교회에는 받아들여지지 않았고, 결국 볼테르의 책들은 금서 조치됐어요.

난 영국에서 배웠어. 거기선 과학자도, 철학자도, 심지어 이단도… 말할 기회를 얻어.

국가가 허용한 '다름'은 힘을 갖게 돼. 프랑스에는 그런 시스템이 없었어.

프랑스는 말할 자유가 없었으니까요.

그래서 돌아가기로 결심했지. 누구든 자기 생각을 말할 수 있어야 한다. 반대가 있어도 말이지.

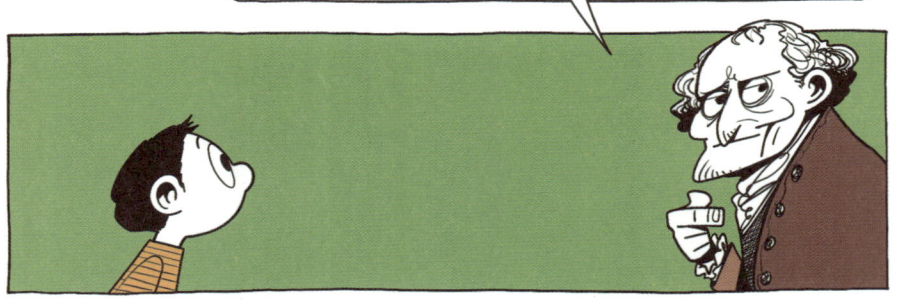

볼테르와 샤틀레는 친구이며 연인 관계로 서로에게 많은 도움을 줬습니다. 샤틀레는 볼테르가 왕족과 귀족을 만나게 주선해주었고, 볼테르는 샤틀레가 지식인의 모임에 들어가게 도와주었습니다. 하지만 뉴턴을 좋아한 볼테르는 샤틀레가 라이프니츠를 좋아하자 불만을 품었고, 샤틀레는 볼테르가 프로이센 왕궁의 초대를 받자 화를 냈습니다.

볼테르의 사회철학에서 가장 중요한 건 모든 사람이 지위나 재산과 상관없이 법 앞에서 평등해야 한다는 거예요. 그는 세상에서 부유한 사람과 가난한 사람이 완전히 사라지진 않을 거라고 생각했어요. 그래서 중요한 건 정부가 얼마나 공정한지를 따지는 거였죠. 특히 군주제가 제대로 작동하려면 선하고 현명한 왕이 꼭 필요하다고 봤어요. 볼테르가 생각한 그런 왕의 모델이 바로 프로이센의 프리드리히 2세였어요.

"친구 사이에도 다름은 불편하니까요."

"불편하지. 그러나 더 깊이 들어가면, 문제는 다름이 아니라 그걸 받아들이는 방식이야."

"왕은 자신과 다른 의견을 참지 못했지. 다름을 위협으로 본 거야."

"선생님은 그렇게 생각하지 않으셨나요?"

"난 정반대로 생각했지. 다름은 축복이야. 그것이 없다면 세상은 획일적이고, 정체되고 말아."

인간은 자신의 한계를 모르니까.
내가 틀릴 수 있다는 걸 인정하면,

남의 말에 귀 기울이게 되지.

상대가 먼저 귀를 닫아버리면, 아무리 내가
다름을 인정해도 소용이 없지 않나요?

그래서 진짜 관용은 힘 있는 쪽에서 먼저 시작되어야 해.
가진 자가 다름을 인정하지 않으면, 결국 가진 자만의 세상이 되니까.

상대방의 태도까지 책임지는 게 진정한 관용이라는 말씀이네요.

그래. 그리고 그 책임은 힘 있는 사람에게 더 무거워야 하지. 권력을 가졌다는 건 그만큼 관용을 실천할 의무도 있다는 뜻이니까.

어렵네요. 권력을 가진 사람들이 그 의무를 자각하기란 쉬운 일이 아닐 텐데요.

그래서 나는 평생을 '의견이 다르더라도 말할 수 있는 세상'을 위해 힘썼지. 그게 없으면, 인간관계도, 사회도, 과학도 자라지 못해.

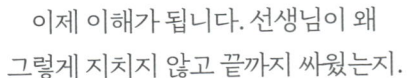

아니. 솔직히 말하면, 완벽한 화해 같은 건 없을지도 몰라. 사람들이 서로를 온전히 이해한다는 건 환상이니까.

하지만, '틀렸다'고 단정하면, 그 순간부터 아무 말도 못 해. 나는 그걸 견딜 수 없었어.

그냥 맞고 틀림이 아니라, 다름이라고 믿는 거군요.

맞아. 너와 내가 다른 만큼, 우리는 서로 배울 게 생겨. 싸움도 때로는 배움의 일부야.

서로 다른 생각이 부딪히며 새로운 아이디어를 낳지.

그럼 선생님의 철학은 결국, 누군가를 설득하기 위한 게 아니라 이어지기 위한 거네요.

보기보다 이해력이 빠르군. 맞아, 내가 남긴 책도, 희곡도, 편지도 결국은 그걸 말하고 있어.

"나는 너와 다르지만, 그래도 너와 말하고 싶다." 이 문장을 평생 걸고 써왔지.

그 문장을 받아들일 준비가 되지 않은 사람들과도 계속 대화해야 하는 이유가 있나요?

당연하지. 준비되지 않은 상대일수록 더 말을 걸어야 해.
그래야 언젠가 그들도 귀를 열지 않을까?

나 역시 처음부터 열린 사람은 아니었어.
수도 없이 부딪히며 배웠고, 또 그렇게 변했지.

그렇다면, 선생님이 남긴 가장 큰
유산은 무엇이라고 생각하세요?

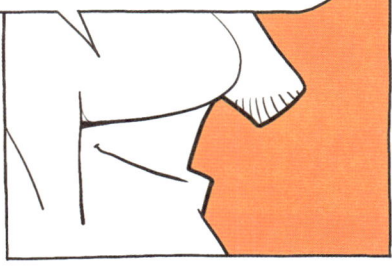

내가 남긴 가장 큰 유산은, 특정한
책이나 사상이 아니라 '태도'일 거야.

나의 글을 읽는 이들이 언젠가 자신과 다른 사람에게
말 걸 용기를 얻는다면, 나는 충분히 행복할 거야.

그럼 저도, 그 태도를 배워서 살아야겠어요.

그게 내 소망이야. 나의 이 말을 기억해줘.

"우리 사이의 다름은 벽이 아니라 문이다.
문을 열면 새로운 세상이 펼쳐지므로."

> **철학자의 노트**

볼테르가 말하는 '다름을 받아들이는 힘'

프랑스는 합리주의 철학의 중심지로, 데카르트가 그 대표적인 인물입니다. 반면 영국은 경험주의의 본산으로, 관찰과 실험을 중시하는 철학이 발달한 나라입니다. 데카르트는 과학과 이성을 강조했지만, 당시 프랑스의 로마 가톨릭은 그의 철학이 교리와 충돌한다는 이유로 억압했습니다. 반면 영국은 종교개혁을 통해 로마 가톨릭에서 벗어나 자체적으로 성공회를 만들었고, 과학과 철학에 대해 비교적 관용적인 태도를 보였습니다.

볼테르는 프랑스 계몽주의를 대표하는 철학자입니다. 그는 프랑스의 왕과 귀족이 학문과 과학에 관용을 베풀어야 한다고 끊임없이 요구했습니다. 그러나 정작 프랑스 정부는 그를 영국으로 추방하면서 침묵으로 일관했습니다. 역설적으로, 이 영국 망명은 볼테르에게 큰 전환점이 됩니다. 영국에서 그는 과학과 표현의 자유가 존중받는 현실을 직접 보고 깊은 감명을 받았고, 프랑스로 돌아온 후 그의 계몽사상은 더욱 강력해졌습니다.

볼테르는 프랑스 정부에 이렇게 호소했습니다. "왕과 종교가 관용을 실천하지 않으면, 과학과 진리는 설 자리를 잃게 된다." 그는 이를 위해 '대화'의 중요성을 강조했습니다. 모든 계몽은 위험을 감수하는 데서 시작된다고 믿었던 그는, 정부의 억압과 기득권의 무시에 맞서 싸웠습니다. 물론 그는 권력을 무너뜨릴 수는 없었지만, 그의 목소리를 무시할 수 있는 사람도 없었습니다.

볼테르의 성격은 다면적이지만, 그에게서 한 가지 확고하게 드러나는 성향은 바로 관용입니다. 그가 프랑스 정부에 관용을 요구했다는 것은, 그 자신이 먼저 관용을 실천할 줄 아는 사람이었음을 의미합니다. 그는 엄청난 생산력과 정열을 지닌 인물이었고, 아무리 적이라도 용서할 줄 아는 넓은 마음을 가졌습니다. 동시에, 친구를 지키기 위해 친구의 적을 끝까지 괴롭히는 집요함도 갖추고 있었습니다. 이처럼 복합적인 성격은 오히려 그가 다양한 사람들과 관계를 맺고, 많은 업적을 남길 수 있었던 원동력이 되었습니다.

오늘날 프랑스를 상징하는 단어 중 하나는 톨레랑스^{Tolérance}, 즉 '관용'입니다. 이는 볼테르가 시대를 향해 끊임없이 외쳤던 개념이며, 이후 프랑스 사회와 문화에 깊은 영향을 끼쳤습니다. 우리 역시 볼테르의 철학처럼, 관용을 대인관계의 출발점으로 삼아본다면, 더 넓고 따뜻한 세상을 만들어갈 수 있을 것입니다.

1 Minute Philosophy for Better Relationships

KANT

칸트처럼 의무로 관계를 지키는 법

6장

칸트는 정확한 일과를 지키기로 유명했어요. 특히 점심 후에 시작하는 산책 시간은 동네 사람들에게 하나의 기준이 될 정도였죠.

그가 지나가는 모습을 보고 시계를 맞추는 사람도 있었으니까요. 그런 그가 늦어지자 사람들이 놀란 것도 무리는 아니었죠.

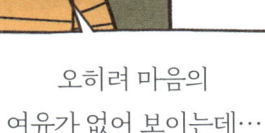

선생님은 왜 그렇게 시간을 철저히 지키세요?

여러 이유가 있지만, 가장 중요한 건 의무 때문이라고 할 수 있지.

칸트는 선한 의지를 행동의 핵심 동기라고 봤어요.

우리가 하고 싶은 대로(예를 들어, 늦잠 자고 싶을 때) 행동하는 게 아니라,

해야 한다고 믿는 대로(제시간에 일어나는 것) 행동하는 마음이 선한 의지라는 거죠.

그는 이게 단순한 규칙이 아니라 도덕의 기본이라고 했어요.

그럼 나의 선한 의지와 의무가 다른 사람들과 무슨 상관이 있는 거예요?

인간관계에서 서로를 존중하는 건 기본적인 의무야.

예를 들어, 친구를 도구처럼 이용하려고 하면 될까?

아니요.

그래. 친구 자체를 소중히 여겨야 해.

친구한테 거짓말하면 안 되는 것도 그런 이유고요.

맞아. 정직은 상대를 존중하는 마음에서 나오는 의무야.

칸트는 인간관계를 단순한 만남이 아니라 서로에 대한 책임과 존중의 연속으로 봤어요.
그는 시간을 지키는 작은 행동 하나도 상대를 생각하는 마음에서 나온다고 믿었죠.

친구를 만나면서 '이 친구가 나한테 뭘 해줄까'만 생각하면 그건 친구를 이용하는 거야.

대신 '이 친구와 함께 있는 시간이 소중해' 라고 생각하면 관계가 더 깊어지지.

그럼 평소에 인사하는 것도 의무일 수 있나요?

그래. 인사는 상대를 알아보고 존중하는 작은 의무야. "안녕하세요" 한마디로 상대가 기분 좋아질 수도 있잖아.

칸트는 상대를 목적으로 대하는 태도가 인간관계를 더 따뜻하게 만든다고 했어요.
그는 이런 작은 행동들이 모여 서로의 존엄성을 지키는 기반이 된다고 봤죠.

인간관계에서 의무를 다하면 어떤 점이 좋아질까요?

의무를 다하면 타인을 수단이 아닌 목적으로 대하게 되면서 신뢰가 쌓이게 되지.

그러니까 의무를 다하는 게 나뿐만이 아니라 모두에게 좋은 거네요!

칸트는 도덕적 행동이 순수한 마음, 곧 진심에서 나와야 한다고 강조했어요.

그런 의무를 다하는 노력이 인간관계를 더 올바르게 만든다고 믿었죠.

그럼 인간관계에서 의무를 다하는 게 왜 그렇게 중요한가요?

감정에 휘둘리지 않고 의무를 다할 때, 서로의 존엄성을 지킬 수 있고 신뢰를 쌓는 기반이 되지.

그래서 선생님이 시간을 철저히 지키시는 거군요. 작은 행동에도 그런 뜻이 담겨 있었네요.

선생님은 저 성에서 도서관 사서로 일하셨죠?

그래. 그 시절 성 안의 인간관계를 보며 선한 의지와 의무에 대해 많이 생각했지.

왜요?

사람은 누구나 하고 싶은 게 있어. 그게 인간의 경향성이야. 경향성대로 살면 편하겠지만, 세상엔 '해야 할 일'도 있잖아.

프레게 강 다리에는 칸트를 기념하는 석판이 있어요.
그 위에 "내 안의 도덕법칙"이라는 말이 새겨져 있죠.
칸트는 우리 내면에 도덕적 기준이 있고, 그걸 따르는 게 중요하다고 했어요.

우리 안에 도덕법칙이 있고,
그걸 실천하는 게 삶의 기본이야.

선생님 말씀을 들으니까, 인간관계에서 의무를
다하는 게 왜 중요한지 확실히 알겠어요.

그래. 의무를 다하는 건 쉽지 않지만, 그 노력이
우리를 더 나은 사람으로 만들어 준단다.

| 철학자의 노트 |

칸트가 말하는 '실천해야 할 의무'

칸트는 많은 철학자들 가운데서도 특히 정해진 일과를 철저히 지킨 것으로 유명합니다. 철학자로서 명성을 얻은 이후에도 그는 매일 같은 시간, 같은 장소에 어김없이 모습을 드러냈다고 합니다. 그 꾸준함은 주변 사람들에게 경이로움을 안겨줄 정도였습니다.

그가 이토록 규칙적인 생활을 했던 이유에 대해서는 여러 해석이 있지만, 가장 신빙성 있는 설명은 건강을 위한 선택이었다는 것입니다. 선천적으로 병약했던 칸트는 일정한 일과를 유지함으로써 자신의 건강을 지켰다고 합니다. 그래서 여러 대학의 교수직 제안을 받았음에도 불구하고, 평생을 고향 쾨니히스베르크에서만 머물렀습니다. 그러나 또 하나 주목할 이유는, 바로 그의 '실천 철학'입니다.

칸트는 도덕이란 단지 머리로 생각하는 이론에 머물러서는 안 되고, 반드시 실천되어야 한다고 강조했습니다. 아무리 훌륭한 윤리적 이론이라 해도 실천이 따르지 않으면 무의미하다는 것이 그의 생각입니다. 물론 이 '실천'은 단순한 행동이 아니라 '선한 행동'을 의미합니다. 칸트는 인간이 선한 행동을 할 수 있는 근거로 '선한 의지(선의지)'를 제시합니다. 모든 사람 안에는 선을 행하려는 의지가 있다는 것이죠.

　이 선한 의지는 인간관계에서도 핵심적인 역할을 합니다. 누군가를 만난다는 것은 결국 서로에 대한 믿음을 전제로 한 일이며, 이 믿음은 선의 바탕 위에서만 가능합니다. 칸트는 이 점에서 '하고 싶은 것'과 '해야 할 것'을 구별합니다. 진정한 대인관계는 '하고 싶을 때만 하는 친절'이 아니라, '반드시 해야 하는 책임', 즉 의무에서 비롯된다는 것입니다. 이 의무를 다할 때, 인간관계는 비로소 건강하고 지속적으로 유지될 수 있습니다.

　'하고 싶은 것'은 선택이지만, '해야 할 것'은 실천이 동반되어야 합니다. 그래서 칸트는 선한 의지가 실제 행동으로 이어지도록 하기 위해 '정언명령'이라는 개념을 제시합니다. 정언명령은 강제력 있는 도덕법칙으로, 우리가 반드시 따라야 하는 실천의 기준입니다. 그는 이처럼 도덕적 실천에는 일정한 강제성이 필요하다고 보았습니다.

　어쩌면 칸트가 평생 한결같은 일과표를 지킨 것도, 자신의 삶에 정언명령을 적용한 실천이었는지도 모릅니다. 도덕은 말이 아니라 행동으로 증명된다는 그의 철학이, 그의 삶 전체를 통해 구현된 셈입니다.

1 Minute Philosophy for Better Relationships

SCHOPENHAUER

쇼펜하우어처럼 행복을 추구하는 법

7장

어쩔 수 없이 태어난 사람은 맹목적인 삶에 이끌려 비참하고 불행하게 살기 때문에 고통스럽습니다.
이 고통에서 벗어나려는 것이 바로 염세주의예요.

쇼펜하우어는 베를린 대학교에서 교수가 되고 나서
유명한 헤겔과 같은 시간에 강의를 편성했어요.
강의실이 가득 찬 헤겔의 수업과 달리
쇼펜하우어의 강의실은 텅텅 비었죠.

베를린에 콜레라가 심해지자 쇼펜하우어는 프랑크푸르트로 왔어요.
그의 저서 『표상과 의지의 세계』가 유명해졌지만, 그는 여전히 사람을 못 믿어
이발사의 면도를 거부하고, 베개 밑에 권총을 두고 잤지요.
그런 반면 산책도 하고 식당에서 사람들과 교류도 했어요.

"이성적으로 행복을 추구한다는 말씀이시죠?"

"맞아. 욕심이 많아도 다 가질 순 없으니, 하고 싶은 것과 할 수 있는 걸 선택해야 해."

"하고 싶은 것도 많고, 해야 할 것도 많죠."

"그래서 나는 인간관계를 혼자만의 의무라고 생각해."

"그게 무슨 뜻인가요?"

아니면 돈이나 명예를 좇는 사람일 수도 있겠지.

하지만 그런 것들은 모두 네가 존재한다는 사실을 전제로 하는 부차적인 요소일 뿐이야.

음… 그러니까 내가 나 자신을 아는 것이 가장 중요하다는 말씀이군요. 하지만 그걸 깨닫는 게 쉽지는 않겠어요.

맞아. 그래서 외부 세계의 평가나 물질적 성공보다 자기 자신과의 관계를 잘 맺는 것이야말로 진정한 행복의 시작이라 할 수 있지.

자신의 행복을 먼저 생각하고 인간관계를 생각하기 때문에
'나는 누구인가'가 행불행을 결정합니다.

인간관계에서도 주관적인 생각, 감정, 의지가
객관적인 것보다 더 큰 행복을 주지요.

불행에 빠졌을 때도 다른 사람의 생각이 아닌
자신의 생각으로 고통에서 벗어납니다.

그런데 인간관계에서 내가 가진 것이나 남들이
나를 어떻게 보느냐도 중요하지 않나요?

물론 인간관계에서
빼놓을 수 없는 것이지.

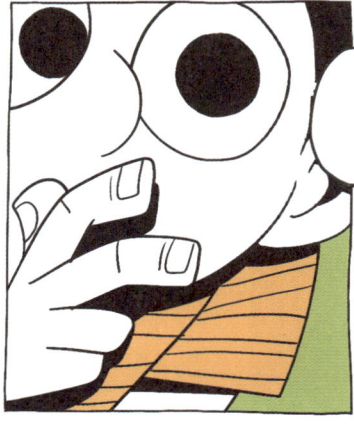

그런데 왜 선생님은 내가 누구인가만
행복의 요소라고 말씀하시는 거죠?

평판과 재물은 당연히 인간관계에서 중요한 요소입니다. 그런데 더 중요하게 여겨지는 것은 재산이나 평판보다도 더 허상인 위신입니다. 위신은 다른 사람의 생각에 달렸지만 무시할 수 없는 것이죠.

평판 때문에 힘들어하는 친구를 봤어요. 그래서 평판을 신경 쓰게 되죠.

사람은 이성의 힘으로 본능을 누르며 살아갑니다.
그러다 보니 자신만의 개성을 마음껏 표현하기 쉽지 않죠.

게다가 인생이라는 건 늘 편안한 길만 보여주지 않습니다.
오히려 우리를 불안한 외줄 위로 올려놓고 조심조심 걷게 만들죠.
한눈 팔면 그대로 밑으로 떨어지고 말지요.

외줄 좌우로 행복의 조건들인 명예, 쾌락, 부, 선, 욕망 이런 것들이 놓여 있군요.

철학자의 노트

쇼펜하우어가 말하는 '나를 지키는 행복'

철학사에서 쇼펜하우어는 대표적인 염세주의자로 알려져 있습니다. 부유한 상인이었던 아버지 덕에 경제적으로는 부족함 없이 자랐지만, 그는 인간 존재와 삶에 대한 깊은 회의 속에서 철학을 전개했습니다. 그런 그가 '행복'에 대해 짧은 글들을 많이 남겼다는 사실은 흥미롭습니다. 염세주의와 행복은 전혀 어울리지 않는 조합처럼 보이지만, 오히려 그래서 쇼펜하우어의 인간관계를 '행복'이라는 개념으로 바라보는 일은 더욱 흥미롭습니다.

베를린대학교 시절, 그는 당시 이미 명성을 떨치던 헤겔과 같은 시간에 강의를 열었습니다. 헤겔의 강의실은 늘 만원이었지만, 쇼펜하우어의 강의실은 늘 비어 있었습니다. 그러나 그는 그것이 오히려 행복했다고 말합니다. 채움은 비움을 통해 가능하고, 비움은 곧 새로운 채움을 가능하게 하기 때문입니다. 삶에 있어 빈 공간은 결핍이 아니라, 가능성의 자리였던 셈입니다.

결국 베를린에 퍼진 콜레라로 헤겔은 세상을 떠났고, 쇼펜하우어는 프랑크푸르트로 이주합니다. 안타깝게도 철학사 속 두 인물의 진정한 교차점은 끝내 이루어지지 못했습니다. 하지만 프랑크푸르트에서 쇼펜하우어는 자신의 대표작 『의지와 표상의 세계』를 발표하며 본격적인 명성을 얻게 됩니다. 이 시기 그는 대인관계에 대해, 그리고 행복에 대해 더욱 분명한 생각을 드러냅니다.

그는 '하고 싶은 것'과 '할 수 있는 것'의 차이를 이야기합니다. 오늘날 우리는 흔히 "즐기는 사람이 이긴다"고 말하지만, 진정한 즐거움은 '하고 싶은 것'을 할 수 있을 때 비로소 가능해집니다. 반대로 하고 싶은 것이 없다면, 우리는 어쩔 수 없이 '할 수 있는 것'만 하며 살아가게 됩니다. 그렇기에 그는 자기 삶의 중심에 놓여야 할 한 가지, 즉 '나'의 중요성을 강조합니다.

결국 아무리 하고 싶은 일이 있고, 할 수 있는 능력이 있어도, '나'라는 존재가 없다면 아무 소용이 없습니다. 쇼펜하우어는 어쩌면 자신을 지키기 위해서 목 아래 면도를 하지 않았고, 늘 베개 밑에 총을 두고 잠들었을지도 모릅니다. 그것은 세상으로부터의 방어이자, 자기 존재의 고집스러운 선언이었을 것입니다.

그는 인간관계 역시 나로부터 시작된다고 말합니다. 행복도 마찬가지입니다. 내가 없으면 어떤 관계도, 어떤 즐거움도 의미를 가질 수 없습니다. 나의 존재가 무너지면 그 위에 쌓아 올린 어떤 가치도 지속되지 않습니다. 그렇기에 진정한 대인관계란, '나'의 행복을 중심에 두는 관계여야 한다고 그는 말합니다. 행복 없는 인간관계는, 결국 쇼펜하우어에게 아무런 의미가 없었던 것입니다.

1 Minute Philosophy for Better Relationships

NIETZSCHE

니체처럼 힘의 관계를 직시하는 법

8장

니체의 아버지는 루터파 목사로 프로이센 왕궁에서 가정교사로 지내면서
프리드리히 빌헬름 4세를 무척 존경했어요.
왕의 생일에 태어난 아들에게 왕과 같은 이름을 지어줬죠.
하지만 니체는 나중에 자신의 이름에서 '빌헬름'을 빼고 '프리드리히'만 사용했어요.

그렇긴 한데, 난 그걸 비판적으로 보게 됐어.

아버지를 비난하신 거예요?

아버지를 비난한 건 아니야. 아버지가 너무 좋아하신 힘과 권력을 비판한 거지.

1848년 프로이센에서 시민혁명이 일어나자, 니체의 아버지는 충격을 받아 병석에 눕습니다. 자신이 그토록 사랑했던 프리드리히 빌헬름 4세에 대한 시민들의 반응을 도무지 이해할 수 없었기 때문이죠.
결국 건강을 회복하지 못한 그는 이듬해 세상을 떠납니다.

결국 나는 어머니의 뜻에 따라 신학과에 입학했어.
하지만 내가 공부할 것이 아니었지.

그래서 군에 자원하신 거군요.
어머니의 힘을 피하기 위해서.

하지만 결과는 좋지 않았어. 낙마로 다쳐서 평생 심장병을 앓았으니까. 힘의 대가가 크지.

저런…

그래도 군대에서 얻은 건 있어.

명령과 복종, 훈련, 규칙적인 생활 같은 것들이 나의 인간관계를 원만하게 만들어줬지.

군대 갔다 오면 사람 된다더니 틀린 말은 아니군요.

우리 아버지를 봐. 아버지는 나에게 프로이센의 최고 권력자 이름을 주셨어. 왜일까? 나도 그런 권력을 가지라는 뜻이었겠지.

Wielhelm Ⅳ

하긴 선생님의 아버지는 누구보다 권력을 가까이서 지켜보셨죠.

맞아. 아버지는 왕궁에서 인간관계의 힘과 권력의 중요성을 잘 아셨던 것 같아.

왕족이라는 특수한 사회에 국한된 건 아닌가요?

왕족 말고 군대를 생각해봐.
군대는 지휘자가 힘이 있고, 그 힘 아래 병사가 모여.

그리고 그 병사의 힘이 곧
지휘자가 이끄는 군대의 힘이 되고.

모든 것은 이렇게 힘이 작용하는 방식에
따라 서로의 위치가 결정되지.

어느 조직에서든 마찬가지야.

니체는 인간의 행동을 두 가지 윤리적 가치로 구분하며,
이를 군주도덕과 군중도덕이라는 두 가지 도덕 체계로 설명했습니다.

군주도덕은 황제가 통치하던 로마에서 형성되었으며, 주로 지배자의 관점에서 정의된 도덕입니다. 특히 군대가 남성 중심으로 운영되었기 때문에, 로마의 덕목은 남성다움, 용기, 그리고 모험을 의미했지요.

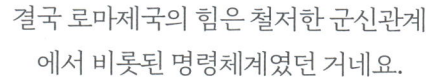

군중도덕은 군주도덕과 반대로 군중이 군주를 대하는 도덕입니다. 군중도덕은 힘이 아니라 정치적 속박을 의미하며, 이는 군중이 권력자의 지배 아래 놓이는 상태를 뜻합니다. 이러한 속박은 겸손과 무력함을 강조하며, 결국 이타주의라는 가치를 형성하게 되었지요.

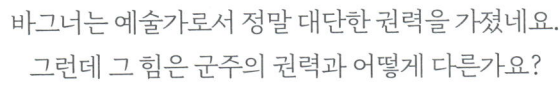

바그너는 예술가로서 정말 대단한 권력을 가졌네요. 그런데 그 힘은 군주의 권력과 어떻게 다른가요?

군주는 법과 계급으로 힘을 상징하지만, 바그너는 군중의 자발적인 팬심으로 힘을 얻었어.

니체는 권력이 인간의 욕망과 쾌락에서 비롯된다고 보았어요.
그래서 사람이 욕망을 가지지 않는다면 권력도 존재할 수 없다고 생각했죠.

결국 권력자는 자신이 원하는 것을 얻기 위해 이성과 도덕을
단지 도구로 사용할 뿐이라고 주장했어요.

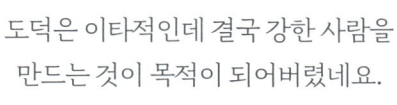
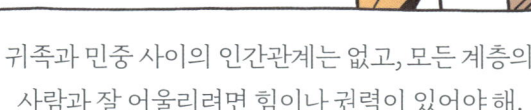

니체는 처음에는 초인이라는 새로운 종이 탄생하길 기대했어요.
하지만 이후 생각을 바꿔, 초인은 단순히 탄생하는 것이 아니라
점진적으로 진화해야 한다고 보았죠.

그는 초인이 고귀해야 하기에 어느 정도 혈통도 중요하지만,
결국 철저한 계획과 좋은 교육을 받은 평범한 사람들 중에서 탄생할 수 있다고 생각했어요.

> 철학자의 노트

니체가 말하는 '권력을 넘어서는 힘'

니체의 아버지는 개신교 목사로, 프로이센 왕궁에서 왕자들을 가르치던 가정교사였습니다. 어쩌면 그는 일찍이 권력의 중심이 왕궁에 있다는 사실을 깨닫고, 아들 니체에게도 그러한 길을 기대했는지도 모릅니다. 그런 마음은 니체가 '왕의 생일'에 태어나자, 그에게 왕의 이름을 붙여준 데서 엿볼 수 있습니다.

당시 프로이센은 비스마르크의 철혈정책 아래 강력한 군대를 국가의 상징으로 삼고 있었습니다. 니체는 아버지를 일찍 여의고, 외할머니와 어머니, 여동생을 부양해야 했기에 병역의무에서 자유로울 수 있었지만, 자발적으로 입대합니다. '위험을 무릅쓰지 않으면 계몽은 없다'는 듯, 니체는 강한 힘이 있는 곳에 주목했고, 어쩌면 그는 군인이 아니라 군대라는 조직이 가진 힘과 상징성에 매혹되었는지도 모릅니다.

이후 니체는 여러 나라의 권력자 혹은 그 가족들과 관계를 맺으며 점차 권력의 중심으로 스스로를 끌어올립니다. 그러나 그가 말하는 권력은 단지 정치적 지위를 뜻하지 않습니다. 니체의 권력은 오히려 그의 사상과 저서에서 비롯됩니다. 그는 '망치를 든 철학자'로서 기존의 권위와 질서를 깨뜨리고, 새로운 가치를 세우려 합니다. 그래서 그는 "신은 죽었다"고 선언하고, '초인'의 탄생을 외치며, 심지어는 로마 가톨릭처럼 견고한 체계의 붕괴까지 상상합니다.

당시 왕권이나 교권의 지도자들은 일반인이 범접할 수 없는 '성역'을 구축하며, 자신들만의 세계와 도덕 체계를 만들어갔습니다. 니체는 이러한 이중 구조를 비판하며, 두 종류의 도덕, 즉 지배자의 도덕과 피지배자의 도덕을 구분합니다. 훗날 우리는 이를 '영웅도덕'이라 부르게 됐는데, 니체는 군주나 고위 성직자가 서민에게 적용하는 도덕과, 서민이 그들에게 적용하는 도덕이 다르다는 점을 날카롭게 지적했지요.

이러한 통찰은 '초인' 개념으로 이어집니다. 니체는 처음에는 초인을 하나의 혁명적인 존재로 보았지만, 점차 초인을 '진화'의 산물로 이해하게 됩니다. 특별한 계급이 아닌, 평범한 사람들 가운데 교육을 통해 성장한 이들이 점차 초인으로 거듭난다는 것입니다. 이들은 다양한 계층과 자유롭게 교류할 수 있으며, 권력의 이면까지 이해할 수 있는 존재입니다.

니체에게 인간관계는 단순한 친분이나 유대가 아닌, 권력 구조 안에서의 위치와 의식에 깊이 연관된 것이었습니다. 그는 늘 '권력의 중심'을 자각하며 살았고, 그 중심을 새롭게 정의하려 했습니다. 니체의 대인관계는 곧 그의 철학적 투쟁의 연장이었던 셈입니다.

1 Minute Philosophy for Better Relationships

SARTRE

사르트르처럼 타인의 시선에서 자유로워지는 법

9장

사르트르는 파리고등사범학교를 졸업한 해에 치른 1급 교원자격 시험에서 아이러니하게도 철학 과목을 낙제했어요. 결국 재도전했고, 다음 해에 수석으로 합격했지요. 이때 2등으로 합격한 사람이 바로 시몬 드 보부아르입니다. 두 사람의 인연은 이렇게 시작되었어요.

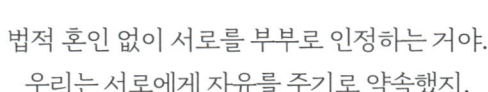

사르트르는 자신의 철학 소설 『구토』를 최고의 작품이라고 여겼어요. 여기서 그는 '구토'를, 아무 이유 없이 존재하는 사물들의 맛이라고 표현합니다. 그래서 주인공 로캉탕은 더 이상 과거를 연구하지 않는 대신, 존재하지 않는 이야기를 쓰기로 결심합니다.

글쎄요, 자유라기보단 그냥 혼신의
힘을 다하는 것처럼 보이는데요?

그 몰입이 자유야. 인간관계에서도 마찬가지지.
상대가 자신만의 방식으로 몰두하도록 내버려두는 거야.

억지로 간섭하면 그 사람의 존재를 부정하는 꼴이야.

선생님은 완벽한 사람은 별로 안 좋아하시죠?

혹시 『구토』의 애니를 떠올리고 하는 말인가?

『구토』에서 주인공 로캉탱이 다시 만난 정부 애니는, 삶을 마치 시처럼 아름다운 것이라고 믿어요. 그래서 현실 속 불완전한 삶이나 사람을 받아들이지 못하고, 완벽한 순간만을 기준 삼습니다. 이런 애니의 태도는 사르트르가 생각하는 자유와는 거리가 멀었어요.

바로 그거야. 인간관계에서 완벽함은 중요하지 않아. 예술이라면 몰라도, 삶은 자유롭고 진실되게 살면 돼.

맞아요. 그런데 남의 시선을 의식하지 않을 수가 없어요. 더구나 사람들은 자기 삶보다 남의 삶을 더 쉽게 판단하죠. 그래서 상처받기도 하고요.

"믿기 힘들겠지만, 나는 이곳에서 지내는 동안 인생에서 가장 자유로웠어."

"아니, 정확히 말하면 가장 행복했지."

"엥? 포로수용소에서 자유로웠다고요? 어떻게요?"

사르트르는 제2차 세계대전 중 사병으로 참전했다가 독일군의 포로가 됩니다.
수용소 생활 동안 그는 동료들에게 하이데거 철학을 가르쳤고,
이때 『존재와 무』의 구상을 시작했어요.

사르트르와 평생을 함께한 보부아르는 그가 얼마나 단순한 삶을 살았는지 종종 이야기했습니다. 그는 어떤 음식이든 가리지 않고 잘 먹었고, 담배를 끊임없이 피웠다고 해요. 찾아온 손님들은 그의 집에 자신이 쓴 책조차 꽂혀 있지 않은 것에 대해서 많이 놀라워했다고 합니다.

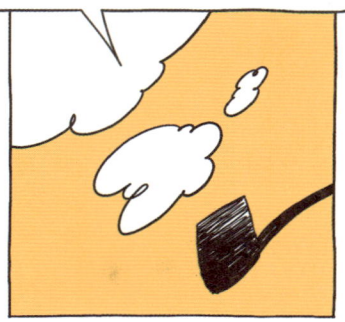

우리는 보통 주변 세계의 사물들을 의식하며 살아갑니다.
하지만 사르트르는 『존재와 무』에서, 의식 속에서 모든 것을 제거하고 나면
남는 것은 아무것도 없다고 봤어요. 그럴 때 의식은 투명하고 순수한 상태가 됩니다.
사르트르는 이 상태를 '무(無)'라고 불렀습니다.

군대는 아이러니하게도 두 가지 정반대 의미를 갖고 있어.

한쪽에는 엄격한 규율이 있지만, 다른 한쪽에는 그 규율만 지키면 더 이상 복잡한 선택이 없는 단순한 생활이 있지.

체제를 무시하는 게 자유라고 생각했는데, 오히려 체제를 존중하면서 단순함을 찾으신 거군요.

그래. 진짜 자유란 남을 침해하지 않고, 스스로 선택하는 것이야. 무시라니…

자유롭지 않은 곳, 자유롭지 않은
사람들과의 관계는 내게 맞지 않아.

이제야 선생님이 왜 인간관계에서
자유를 그렇게 강조하시는지 알겠어요.

가기 전에 파리의 자유로운 공기를
더 느껴보고 가. 좋은 기회잖아.

> 철학자의 노트

사르트르가 말하는 '드러내야 할 자유'

사르트르는 종교가 인간의 자유를 억압한다고 믿으며 종교를 거부했습니다. 그는 전통적인 결혼 제도에도 얽매이지 않았습니다. 대학 시절 만난 동료 철학자 보부아르와는 결혼하지 않았지만, 평생 동반자로 함께했습니다. 흔히 이들의 관계를 '계약 결혼'이라 부르기도 하죠. 실존주의 철학자 사르트르는 종교와 결혼이라는 사회적 틀로부터 벗어나, 스스로 자유로운 삶을 살고자 했습니다.

그는 예술 작품처럼 인간의 삶도 완벽해야 한다는 생각에 동의하지 않았습니다. 오히려 삶은 완벽할 필요 없이, 진실되고 자유로워야 한다고 믿었습니다. 대부분의 사람들은 자신의 삶보다 타인의 삶을 더 쉽게 이야기합니다. 마치 남의 이야기를 통해 자신을 설명하려 하죠. 그러나 사르트르는 그렇게 외면적인 방식이 아닌, 불완전하더라도 자신의 삶을 자유롭게 표현하는 태도가 더 진실하다고 보았습니다.

사르트르는 제2차 세계대전 중 사병으로 참전했다가 독일군 포로가 되어 수용소에 수감되었습니다. 그럼에도 그는 그곳에서 철학을 가르치고 책을 집필했습니다. 열악한 환경 속에서도 자신에게 충실했고, 그 충실함 속에서 자유와 의미를 발견했습니다.

그는 진정한 자유가 어디에서 오는지를 고민하며, '단순함'에서 그 답을 찾습니다. 그의 삶은 철저히 단순함을 지향했습니다. 집 안에는 꼭 필요한 물건만 두었고, 심지어 자신의 책조차 서재에 두지 않을 정도였습니다. 대표 저서 『존재와 무』에서 드러나듯, 그는 '비움'을 통해 자유를 얻고자 했습니다. 비움은 곧 무(無)를 의미하며, 이 무로부터 새로운 채움이 시작됩니다. 그렇기에 참된 채움은 비움을 전제로 해야만 가능합니다.

사르트르는 우리가 보이지 않는 체제와 규율 속에서 살아가고 있다고 보았습니다. 겉으로 드러나지 않지만, 이 체제는 우리의 삶을 옥죄고 행동을 제약합니다. 종교와 결혼 역시 우리가 편안하다고 느끼는 틀이지만, 실은 우리를 통제하는 보이지 않는 규율이라고 그는 말합니다.

그렇다면 사르트르가 말한 자유, 비움, 그리고 '남'이 아닌 '나'의 진실된 이야기를 인간관계의 시작점으로 삼는다면 어떨까요? 누군가에게 진심으로 나의 이야기를 전하고, 불완전하지만 자유로운 내 모습을 그대로 드러내는 것, 그것이야말로 사르트르가 말한 진정한 대인관계의 출발일지도 모릅니다.

1 Minute Philosophy for Better Relationships

LEVINAS

레비나스처럼 타인을 있는 그대로 받아들이는 법

10장

이탈리아의 독재자 무솔리니는 "모든 것은 국가 안에 있으며, 국가 밖에는 아무것도 없다"고 주장했어요. 이 말은 국가의 이념이 개인보다 우선한다는 뜻입니다.

결국 개인은 국가를 위한 수단으로 전락하게 되었죠. 그리고 이 사고방식을 극단으로 밀어붙인 사람이 바로 히틀러입니다.

전쟁은 사람을 전체에 굴복시키는 현상이라고 볼 수 있어요.
전체주의는 결국 살상과 파괴로 이어지게 됩니다.
레비나스는 이런 폭력의 뿌리를 서양철학 속에서 찾았어요.

서양철학은 늘 통일된 이념으로 세상을 정리하려 했어.
신, 이성, 자연… 이런 개념들은 모든 걸 하나로 묶으려 하지.

그러네요. 시대마다 하나의 틀로 세상을 설명하려 했죠.

국가가 곧 개인이고, 개인이 곧 국가인 것이 전체주의입니다.
레비나스는 다른 사람으로부터 자신을 분리하여
설 자리를 마련해야 한다고 주장했어요.

자신의 자리를 만든다는 것은
세계 속에 내가 설 자리를 확보하는 것과 같습니다.

그렇지. 인간관계는 내가 내 존재를 지킨 자리에서 타인을 향유하는 거야.

내 자리를 확보해야 타인과 진정한 관계를 맺을 수 있지.

나만의 자리를 만들고, 그 안에서 타인과 즐거움을 나누는 거군요.

그래. 그게 타인과의 진짜 만남이야.

특징이라면 눈, 코, 입을 얘기하시는 건가요? 보고 냄새 맡고 말할 수 있는…

어쩌면 그보다 더 중요한 역할을 해.

있는 그대로 드러내는, '벌거벗은 얼굴'은 전체주의나 전쟁에서 익명으로 죽어가거나 포로수용소에서 번호로 불리는 그런 존재가 아니야.

아, 얼굴을 통해 그 사람만의 존재가 나타난다는 말씀이군요.

그렇지. 바로 그거야. 그래서 타인의 얼굴을 통해 우리는 더 이상 '저 사람은 어떤 사람이다' 혹은 '저 사람은 어떤 사람일 거야'와 같이 추상화하거나 논리화할 필요가 없어.

타인을 함부로 규정하지 말고, 있는 그대로 받아들이고 관계를 맺어야 한다는 말씀이군요.

맞아. 사람들과 관계를 맺을 때 우리는 그저 얼굴을 보면 돼. 그 얼굴이 바로 그 사람이라는 걸 받아들이면 되는 거야.

그런데 왜 하필 얼굴이어야 하나요?
손이나 다른 건 안 되나요?

'이목구비가 반듯하다'는 말이 있지? 생각해봐.

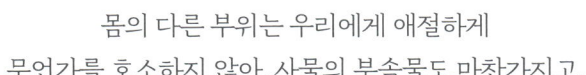

몸의 다른 부위는 우리에게 애절하게 무언가를 호소하지 않아. 사물의 부속물도 마찬가지고.

음, 사물의 부속물과 다르게 얼굴은 애절하게 호소한다… 그게 무슨 뜻인가요?

사람의 얼굴은 사물이나 몸의 다른 부분과 달라요.
눈과 입, 표정은 스스로 감정을 드러내면서 우리에게 말을 걸어오죠.

반면 사물은 아무리 쳐다봐도 우리에게 호소하지 않습니다.
레비나스는 바로 이 점 때문에 타인의 얼굴이 특별하다고 했어요.

나는 수용소에서 포로들의 시선을 봤어.

아… 얼마나 애처롭고 절망적인 눈빛이었을까요?

그렇지만, 나는 그 눈빛 속에서 절대적인 솔직함을 느꼈어.

솔직함이요?

보통 우리는 타인의 능력이나 성취로 그 사람을 평가하려고 합니다.

하지만 레비나스는 '타자성' 즉, 타인이 나와 절대적으로 다르다는 사실
그 자체에서 존재의 가치를 찾았습니다. 그리고 그것은
'벌거벗은 눈' 혹은 '얼굴' 때문이라고 설명했습니다.

얼굴이 사람의 고유성을 나타낸다는 말씀이 무슨 의미인지 알 것 같아요.
그래. 타인의 고유성을 잘 파악하는 것이 인간관계에서 절대적인 조건이야.

저 사람들 좀 봐! 저들은 자신들의 관계를 향유하고 있지 않아?

저들을 다시 봐! 온몸으로 기쁨을 표현하며 웃고 있지? 그게 향유야. 타인과 함께하며 나만의 존재를 만끽하는 거지.

아, 그러니깐 향유란 타인과 함께 기쁨을 온몸으로 느끼는 거군요!

맞아. 나만의 자리를 확보한 뒤, 타인의 얼굴을 마주하며 그 관계를 즐기는 거야.

철학자의 노트

레비나스가 말하는 '타인의 얼굴'

20세기 초, 유럽은 전체주의의 그림자에 휩싸였습니다. 이탈리아의 무솔리니, 독일의 히틀러는 그 대표적인 인물들입니다. 레비나스는 이러한 전체주의가 왜 유럽에서 발생했는지를 철학적 관점에서 탐구합니다. 그는 유럽의 사상적 전통에서 그 근본 원인을 찾습니다. 서양 철학은 고대부터 하나의 중심 개념으로 세상을 통일하려는 경향이 있었습니다. 고대에는 '자연', 중세에는 '신', 근대 이후에는 '인간'이 그 중심에 있었습니다. 레비나스는 이처럼 모든 것을 하나의 이념으로 수렴하려는 철학의 전통이 전체주의로 이어졌다고 비판합니다.

레비나스는 이러한 전체주의의 흐름에 맞서 '타인'의 중요성을 강조합니다. 그는 전쟁의 종식을 간절히 바라며, 평화가 찾아오면 비로소 사람의 가치가 존중받게 된다고 말합니다. 사람을 소중히 여긴다는 것은 곧 타인에게 책임감을 느끼는 일이며, 진정한 인간관계는 바로 이 책임에서 출발한다고 보았습니다. 반면, 전체주의는 사람을 개별 존재로 보지 않고, 하나의 체계에 복속시킵니다. 레비나스는 이처럼 타인을 굴복시키는 관계가 아닌, 타인을 향한 책임의식에서 시작되는 관계를 지향합니다.

전쟁이 끝나고 평화가 찾아오면, 사람은 전체 속에서 독립된 '한 사람'으로 서야 합니다. 레비나스는 이를 '홀로서기'라 표현하며, 이는 단순히 혼자 있는 상태가 아니라, 세계 속에서 자기 자리를 확보하는 것을 의미합니다. 자신의 자리를 갖지 못한 채 맺는 인간관계는 결국 공허할 뿐입니다. 진정한 관계는 '나'라는 존재가 분명히 서 있을 때 비로소 가능해집니다.

레비나스는 제2차 세계대전 당시 포로가 되어 수용소 생활을 경험했습니다. 그곳에서 그는 이름도, 성도, 얼굴도 아닌 오직 '번호'로 불렸습니다. 이때 그는 강하게 깨닫습니다. 인간을 인간답게 만드는 것은 '얼굴'이라는 사실을요. 얼굴은 단순한 외형이 아니라, 타인이 나에게 다가오고 말을 거는 방식입니다. 타인의 얼굴을 마주할 때, 우리는 그가 단순한 대상이 아닌, 나와 절대적으로 다른 '타인'임을 인식하게 됩니다.

왜 하필 얼굴일까요? 레비나스는 얼굴만이 기쁨, 슬픔, 고통, 간절함 등 인간 내면의 감정을 드러낼 수 있다고 봅니다. 손이나 발로는 설명할 수 없는 감정의 언어가 얼굴에는 존재합니다. 그래서 타인의 얼굴은 우리에게 끊임없이 말합니다. "나를 봐 주세요. 나를 이해해 주세요." 우리가 타인의 얼굴을 진심으로 바라보는 순간, 그제야 비로소 인간관계는 시작됩니다.

레비나스의 대인관계 철학은 타인을 지배하거나 설득하는 데 있지 않습니다. 오히려 타인의 고유성을 인정하고, 그의 존재에 대해 '책임지는 것'에서 시작됩니다. 옆 사람의 얼굴을 한번 바라보세요. 그 사람이 무엇을 원하는지 느끼려는 순간, 여러분은 이미 그 사람과 관계를 맺기 시작한 것입니다. 인간관계란, 결국 얼굴과 얼굴이 마주치는 그 자리에서 시작되는 것입니다.

만화로 보는
1분 철학 관계수업

초판 1쇄 2025년 5월 30일
초판 2쇄 2025년 6월 25일
글 서정욱
그림 김재훈

발행인 박장희
대표이사 겸 제작총괄 신용호
본부장 이정아
책임편집 서정욱
기획위원 박정호
마케팅 김주희 이현지 한륜아

디자인 LUCKY BEAR

발행처 중앙일보에스(주)
주소 (03909) 서울시 마포구 상암산로 48-6
등록 2008년 1월 25일 제2014-000178호
문의 jbooks@joongang.co.kr
홈페이지 jbooks.joins.com
인스타그램 @j_books

ⓒ 서정욱, 2025
ISBN 978-89-278-8091-2(03160)

- 이 책은 저작권법에 따라 보호받는 저작물이므로 무단 전재와 무단 복제를 금하며 책 내용의 전부 또는 일부를 이용하려면 반드시 저작권자와 중앙일보에스(주)의 서면 동의를 받아야 합니다.
- 책값은 뒤표지에 있습니다.
- 잘못된 책은 구입처에서 바꿔 드립니다.

중앙북스는 중앙일보에스(주)의 단행본 출판 브랜드입니다